Alphabet Letter Tracing

Coloring Book

This Book Belongs to:

A
For Alligator
Aa
A
A
a
a

B
For Bear
Bb
B
B
b
b

C

For Cow

D

For Deer

Dd

D

D

d

d

E

For Elephant

E e

E

E

e

e

F

For Fox

Giraffe
For Giraffe
G g
G
G
g
g

H
For Hedgehog
Hh
H
H
h
h

For Iguana

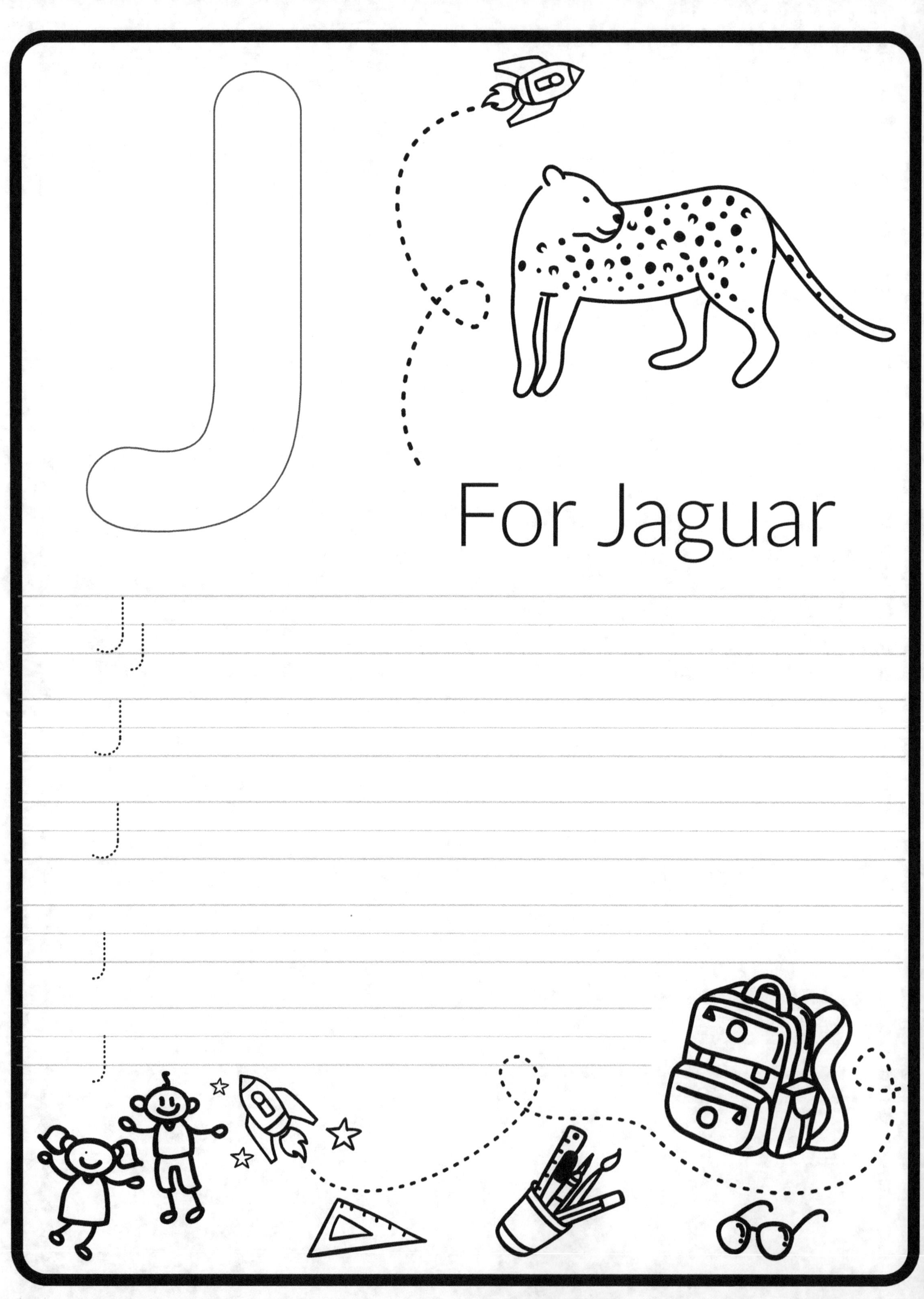

For Jaguar

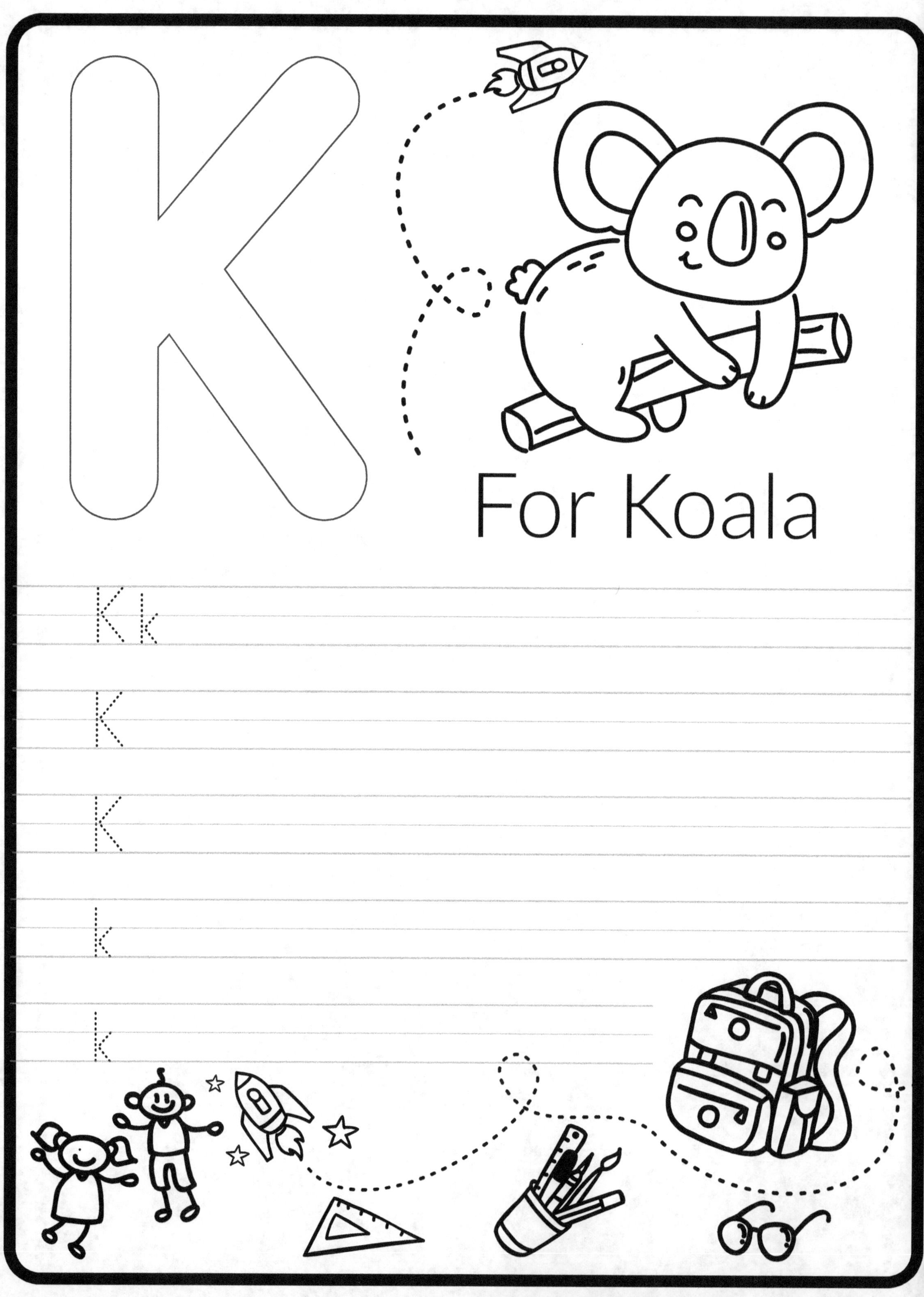

K

For Koala

K k

K

K

k

k

For Lion

M
For Mouse
Mm
M
M
m
m

N
For Narwhal
Nn
Nn
Nn
Nn
Nn

For Owl

P
For Pig
Pp
P
P
P
P

Q
For Quail
Qq

R

For Rhino

Rr

R

R

r

r

For Squirrel

T

For Turtule

For Unicorn

V

For Vampire

W

For Wolf

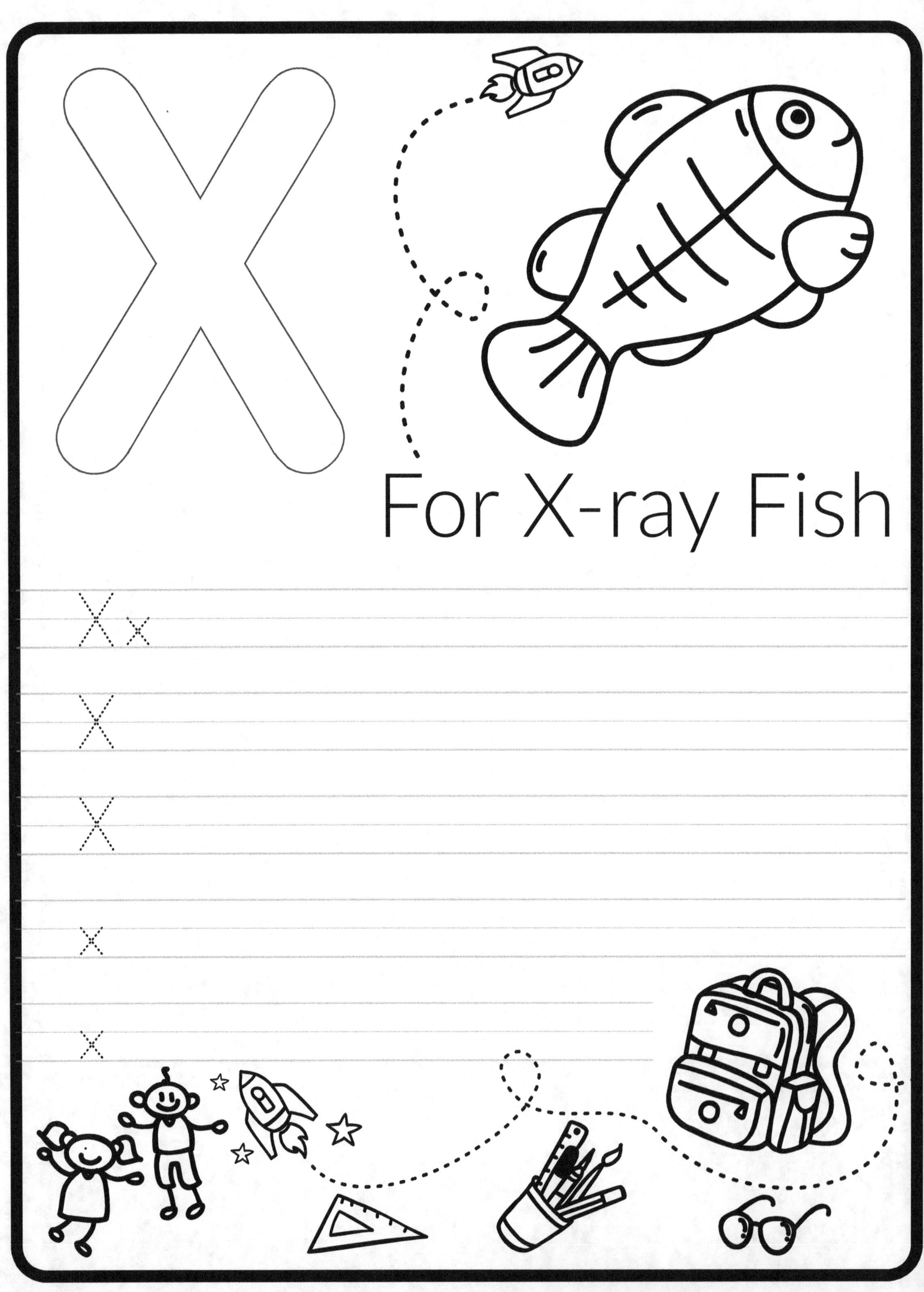
X
For X-ray Fish
X x
X
X
X
X

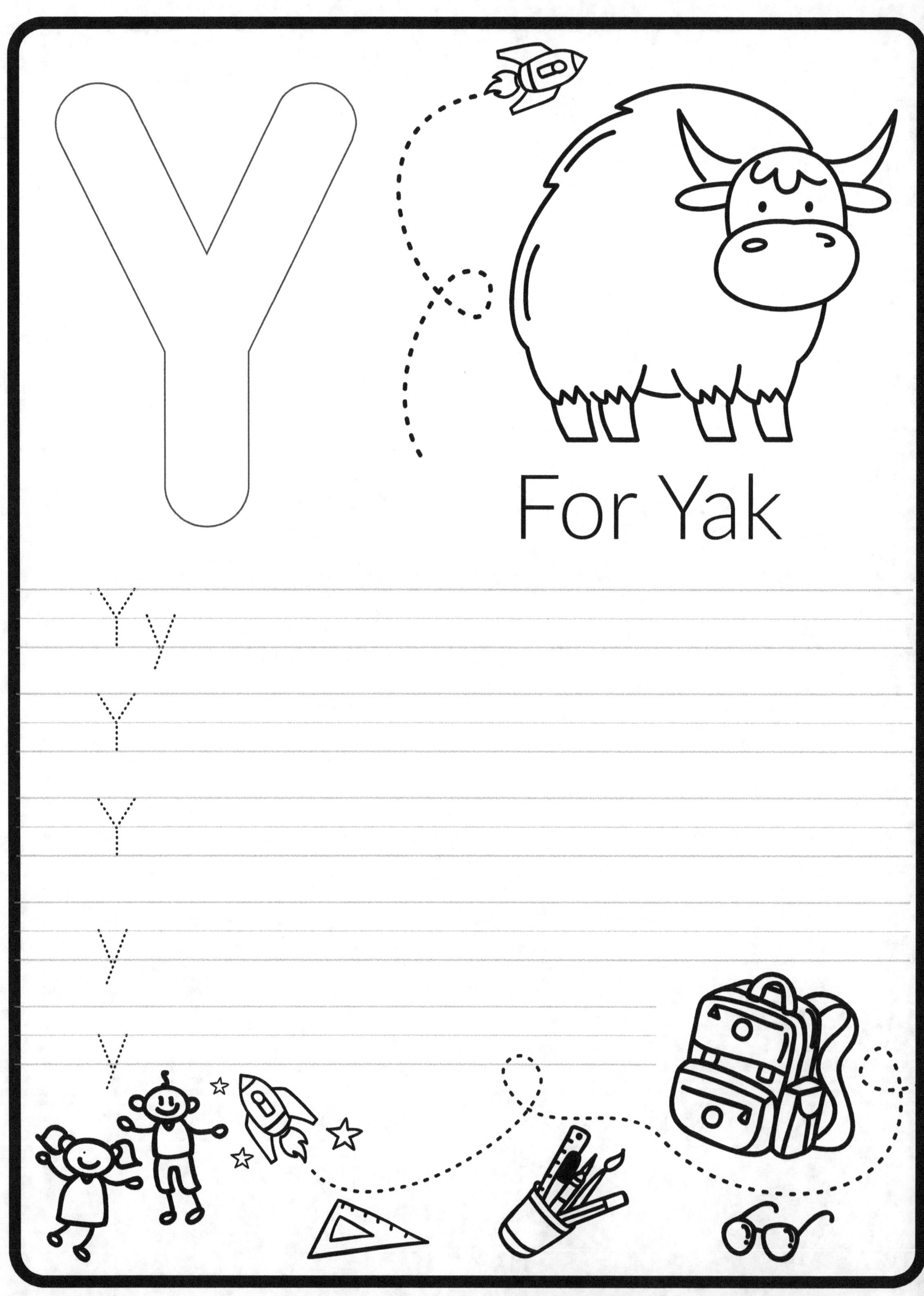

Y
For Yak
Y y
Y
Y
y
y

Z
For Zebra